AF338333

Lb. 475. 40

EXTRAIT

Du régistre des délibérations de la section de Notre-Dame, du 23 septembre 1790.

M. LE GRAND, citoyen de cette section, ayant demandé & obtenu la parole, a dit :

MESSIEURS,

PAR votre délibération du 21 du courant, vous nous avez fait l'honneur de nous nommer, M. de Sainte-Hélène & moi, commissaires, à l'effet de vous rendre compte de la réclamation de cent soixante sous-officiers & soldats du régiment de Royal-Champagne, cavalerie; qui désirent présenter à l'Assemblée Nationale, avec l'attache des sections de la capitale, une adresse qu'ils ont fait imprimer.

Dans cette adresse, ils se plaignent de ce que, sans y avoir donné lieu, & contre le texte des Décrets de l'Assemblée Nationale, du 7 août dernier, & de la Déclaration des droits de l'homme, soixante d'entr'eux ont été licenciés sans l'avoir demandé, avec ordre de se retirer sur le champ dans le lieu qui les a vu naître.

A.

Déjà la section de Mauconseil a pris sous sa sauve-garde, les vingt d'entr'eux qui ont été chargés de venir en cette ville demander justice de la vexation dont ils se plaignent, & a fait parvenir aux quarante-sept autres sections un imprimé de l'adresse, pour les déterminer à concourir avec elle, à la présenter à l'Assemblée Nationale.

Avant d'examiner, MM., si ce préjugé de la section de Mauconseil est fondé sur de justes motifs, & doit obtenir votre assentiment, nous devons vous rendre compte des faits, qui ont précédé la délivrance des soixante cartouches dont il s'agit.

Ces faits se réduisent à quatre.

1°. Les soldats de Royal-Champagne se sont unis par un Pacte fédératif avec la Garde Nationale de la ville d'Hesdin (en Artois), où ils sont en garnison, & ont refusé de quitter cette ville, dont on tentoit de les faire sortir après ce Pacte.

2°. Sur le fondement d'une ordonnance militaire qu'ils avoient en main, les mêmes sous-officiers & soldats, ont demandé à leurs officiers le remboursement de sommes qui leur avoient été retenues pour besaces, licols, couvertures de chevaux, &c., qui, aux termes de cette ordonnance, devoient être payés par le Roi; & ces objets leur ont été remboursés de-

(3)

puis, en vertu d'une ordonnance du miniſtre, qui avoit été inſtruit de cette réclamation.

3°. Un de leurs camarades a été élevé à un grade, au préjudice de plus anciens de ſervice que lui, & malgré qu'il eût été décrété antérieurement par l'Aſſemblée Nationale, qu'il ſeroit ſurſis à toute nomination militaire.

4°. Des ſoldats corrompus & ſéduits ont dépoſé contre le corps de faits qui n'ont jamais été prouvés. Des officiers ſont venus exprès à Paris porter plainte contre le régiment.

Cette plainte ayant été adreſſée à l'Aſſemblée Nationale, elle a rendu ſon décret du 7 août dernier, qui, entr'autres articles :

1°. Défend les cartouches jaunes, ſi ce n'eſt d'après une procédure régulièrement inſtruite :

2°. Et ne permet d'informer de toute ſédition ou mouvement dans les corps, qu'*à compter du jour de la publication de ce décret.*

Le 14 août, ce même décret du 7 eſt lu au régiment aſſemblé ; il eſt reçu avec reſpect, & les ſoldats jurent d'eux-mêmes d'obéir ſans ceſſe aux décrets.

Fidelles à leur ſerment, les ſoldats n'avoient pas fait le moindre mouvement, ni manifeſté le plus léger trouble, lorſque, ſix jours après, & le 21 août, la municipalité d'Heſdin, après avoir fait clouer les ponts & fermer les portes, après avoir fait raſſembler ſur la place 1200

hommes des régimens de Cuirassiers , de Bour-
bon , infanterie , & de Diesbach, qu'on avoit
fait venir à Hesdin dès le 9 du même mois ;
après avoir fait charger les canons à mitrailles ,
a ordonné aux soldats de Royal-Champagne ,
De Par le Roi & la Loi , de s'assembler pour une
revue d'habits , & de se rendre sans armes sur
la place , où ils ont été environnés par les
troupes qui y étoient postées.

C'est au milieu de cet appareil effrayant ,
qu'on a délivré à soixante cavaliers des cartouches blanches , qui imposoient à chacun
d'eux l'obligation de se rendre aussitôt dans
le lieu de sa naissance.

De ce nombre sont deux adjudans ; un maré-
chal-des-logis en chef, domicilié à Hesdin , &
père de famille ; huit autres maréchaux-des-
logis ; un enfant de 15 ans, qui depuis 4 ans
recevoit la paye du régiment , & son père qui
a 23 ans de service.

Ces soixante infortunés ont été sur le champ
conduits , chacun par deux fusiliers , hors de
la ville , avec ordre de n'en pas approcher.

Ils ont obéi, MM., à ces ordres & à leur
ferment , sans élever la moindre plainte.

Mais depuis , ils ont détaché 20 d'entr'eux
pour venir à Paris, demander justice à l'Assemblée Nationale.

Cent de leurs camarades ont aussi consenti à

appuyer la réclamation des soixante congédiés, & ont nommé trois commissaires, qui ont fait rédiger & imprimer une adresse à l'Assemblée Nationale.

La section de Mauconseil a accueilli & logé ces vingt hommes; par sa délibération du 9 septembre, elle a déclaré *les prendre sous sa sauvegarde*, & désire en ce moment, que, pour la présentation de cette adresse, vous y donniez, MM., ainsi que les autres sections, votre adhésion & votre attache.

Le but unique de cette adresse, & ceci, MM., mérite toute votre attention, est de demander par les soixante congédiés, à être jugés par tels juges que l'Assemblée Nationale voudra choisir, *même sur les faits antérieurs au décret du 7 août*; à se soumettre à toute la rigueur de la Loi s'ils sont jugés coupables; mais aussi, s'ils sont trouvés innocens, ils demandent, avec les plus vives instances, à être RÉINTÉGRÉS dans leur régiment, seul moyen de leur faire recouvrer l'honneur qu'ils se plaignent qu'on leur a ravi, en les expulsant sans cause de ce régiment, où ils avoient tous depuis 15 jusqu'à 33 ans de service.

Vous avoir exposé, MM., une demande aussi respectueuse, aussi conforme aux principes de la justice & des Loix, c'est déjà vous avoir pénétrés de la nécessité de prêter votre appui à ceux qui ont un auſſi grand intérêt de préſenter une telle demande à l'Aſſemblée Nationale.

Mais, MM., cette affaire nous a ſemblé d'une telle importance dans les circonſtances actuelles, que vous voudrez bien nous pardonner les développemens qu'elle nous a paru exiger.

En conféquence, nous allons vous prouver :

1°. Que les ſous-officiers & ſoldats de Royal-Champagne, demandant eux - mêmes à être jugés avec une rigueur que n'exige pas d'eux *le décret du 7 août*, il s'enſuit qu'ils ne peuvent être conſidérés comme réfractaires à aucune Loi, & que tous les faits qu'ils avancent doivent être préſumés vrais.

2°. Que les officiers de Royal - Champagne ont ſeuls violé les Loix ſubſiſtantes.

3°. Qu'il eſt de votre intérêt, autant & plus que de celui des ſoixante cavaliers de ce régiment, d'appuyer leur réclamation auprès de l'Aſſemblée Nationale.

Nous diſons en premier lieu, que les ſoldats de Royal-Champagne ſe jugent eux - mêmes plus ſévèrement que ne l'exige d'eux le décret du 7 août.

Et en effet, MM., ces ſoldats demandent à être jugés, même ſur les faits antérieurs à ce décret.

Pour bien entendre toute la franchiſe, toute la généroſité de cette demande, il faut reprendre les chofes d'un peu plus haut ; c'eft le feul moyen de mettre dans tout fon jour la conviction dans laquelle font ces foldats de leur innocence.

Vous vous rappelez, MM., les quatre faits qui ont précédé le décret du 7 août.

Le premier eft qu'on a voulu les faire quitter la garnifon d'Hefdin après le pacte fédératif qu'ils avoient fait avec la Garde Nationale de cette ville.

Le fecond, qu'ils ont obtenu du miniftre la reftitution de fommes qu'on leur avoit injuftement retenues, & qui, aux termes d'une ordonnance militaire, étoient au compte du Roi.

Le troifième, qu'on a élevé un de leurs camarades à un grade vacant, au préjudice d'autres, dont les fervices étoient plus anciens ; & malgré le furfis prononcé par l'Affemblée Nationale à toute nomination militaire.

Le quatrième enfin, que des foldats corrompus ou féduits, ont dépofé contre le corps de faits qui n'ont jamais été prouvés.

Mais, dira-t-on, ces quatre faits peuvent être faux ?

La réponfe à ce doute eft auffi facile que péremptoire.

1°. Il eft parfaitement indifférent, MM., pour l'objet foumis en ce moment à votre décifion, que ces faits foient vrais ou faux, parce que l'Aſſemblée Nationale n'a pas exigé par ſon décret du 7 août, qu'il fût fait aucune recher-che, aucune inſtruction ſur les faits antérieurs à ce même décret.

C'eſt ce qui réſulte textuellement de l'ar-ticle VII de ce décret qui porte :

» A compter de la publication du préſent » décret, il ſera informé de toute ſédition, de » tout mouvement concerté dans les garniſons, » ou dans les corps, au préjudice de la diſcipline » militaire, &c. »

Ce n'eſt donc que des ſéditions, des mouve-mens qui pourroient avoir lieu *poſtérieurement* à la publication de ce décret, qu'il doit être informé, & nullement de ceux qui auroient pu avoir lieu antérieurement à cette même publi-cation; ce qui, d'ailleurs, eſt conforme aux principes en matière de légiſlation, qui veulent qu'une loi n'ait point d'effet rétroactif.

De là, la conſéquence néceſſaire que les quatre faits dont il s'agit, étant antérieurs au décret du 7 août, il ne peut-être informé contre les ſoldats de Royal-Champagne, de ces quatre faits, & que leur véracité ou leur fauſſeté de-vient ici abſolument indifférente ſous ce point de vue.

2°. Mais il y a mieux, MM., c'eſt que les ſoldats de Royal-Champagne, qui, comme vous le voyez, ne peuvent avoir à redouter d'être recherchés fur ces faits, demandent eux-mêmes & avec les plus vives inftances à être jugés, tant fur les quatre faits antérieurs au décret du 7 août, que fur tous autres faits poftérieurs, ce qui nous amène à la conféquence inévitable que tous les faits contenus dans leur adreffe imprimée font vrais, & doivent néceffairement être confidérés comme tels.

C'eft fous le même afpect, & avec la même conviction de leur véracité, qu'il faut confidérer les faits poftérieurs à la publication du décret du 7 août, qui a été faite à Hefdin le 14 du même mois, c'eft-à-dire, la foumiffion, le refpect, la tranquillité avec lefquels le régiment de Royal-Champagne a reçu ce décret, & a juré d'y obéir; & plus que tout cela encore, la foumiffion, le refpect & la docilité avec lefquelles les foixante fous-officiers & foldats, ont reçu les cartouches qu'on les a obligés de prendre, & fe font laiffé bannir de la ville, fans rien entreprendre qui pût troubler la paix de fes habitans.

La candeur & l'innocence peuvent-elles s'annoncer à des fignes plus frappans & plus énergiques, que de confentir à être jugés rigoureufement fur tous les faits qu'on met en avant? & n'eft-ce pas l'évidence même qui vous démontre que ceux qui prêtent un pareil confentement, difent la vérité, & font fûrs de n'avoir, ni de fait , ni d'intention, enfreint aucune Loi ?

En eft-il de même des officiers du régiment de Royal-Champagne ? & n'ont-ils également à fe reprocher aucune infraction ? Il s'en faut de beaucoup, MM., & bientôt vous allez en être convaincus.

Ce qui prouve que ces officiers ont commis un acte de defpotifme , en forçant foixante membres du régiment de prendre des cartouches qui n'étoient pas demandées, & de fortir fur le champ de la ville, c'eft qu'il auroit fallu que le décret du 7 août *eût laiffé à ces mêmes officiers la faculté de contraindre qui bon leur fembleroit à accepter de pareilles cartouches*, mais ce décret n'en dit pas un mot.

La vexation eft donc évidente, & n'a pas befoin d'une plus ample démonftration.

Les fuites de cette vexation, ont été de priver des foldats, des citoyens, car ces mots font aujourd'hui fynonymes, d'un état qu'ils avoient glorieufement exercé jufqu'alors, & qu'ils vouloient & veulent tous continuer ; quoique cet état ne conduife point à la fortune, mais à *l'honneur*, qui tient lieu de tout à un François.

Suivant les Lois & les ufages militaires, on ne doit accorder de congé qu'à ceux qui veulent l'acheter, ou qui en demandent après l'expiration d'un engagement.

Forcer ceux qui n'en demandent pas , ceux

dont l'engagement n'eft pas expiré, ou qui, dans ce cas, veulent en renouveller un autre, à accepter un congé malgré eux, c'eft :

1°. Commettre une injuftice criante, en les privant de leur état contre leur gré.

2°. C'eft les déshonorer, que de leur arracher de force cet état, dont l'honneur a toujours été la feule récompenfe.

3°. C'eft commettre à leur égard une vexation, une violence, une tyrannie réprouvées par la déclaration des droits de l'homme.

L'article VIII porte : » Nul ne peut être puni, » qu'en vertu d'une Loi établie & promulguée » antérieurement au délit, & légalement appli- » quée. »

Et l'article IX. » Ceux qui follicitent, expé- » dient, exécutent ou font exécuter des ordres » arbitraires, doivent être punis. »

Ces deux articles, & le fait conftant qu'il falloit une loi précife pour forcer des foldats à recevoir des cartouches infamantes, comme celles dont il s'agit, puifqu'elles font pour chacun un véritable banniffement, vous prouvent, MM., d'un côté l'injuftice commife par les officiers de Royal-Champagne, en privant fans caufe & fans motif, de vieux défenfeurs de la patrie de leur état, & qui pis eft, de leur honneur ; & d'un autre côté la violation des Lois, faite par ces officiers, violation qui nous paroît démontrée jufqu'à l'évidence , & qui ne peut manquer d'être févèrement punie par le tribunal quelconque que l'Affemblée Nationale chargera de cette affaire.

Il ne nous refte plus , MM. , qu'à examiner qui de vous , ou des foixante cavaliers de Royal-Champagne , a le plus grand intérêt à appuyer leur réclamation.

Aux termes de cette même déclaration des droits que nous venons d'invoquer , il fuffit d'être citoyen de cet empire & foumis à fes Lois pour en réclamer l'exécution.

Les foixante fous-officiers & foldats de Royal-Champagne , ont donc feuls , & fans l'affiftance d'aucuns de leurs camarades , le droit de revendiquer l'exécution des Lois qui ont été violées à leur égard.

Ainfi , MM. , ce n'eft donc que furabondamment qu'ils ont pris l'attache & l'adhéfion de cent de leurs camarades ; ce n'eft que furabondamment auffi qu'ils réclament la vôtre.

Mais quel intérêt n'avez vous pas à leur donner cette adhéfion, cet appui! difons mieux , à les leur offrir !

L'état d'anarchie inféparable de l'heureufe régénération de cet empire , celui de ftagnation où il a mis prefque tous les pouvoirs, a offert aux ennemis de la révolution un vafte champ pour ourdir des trames, des complots & des manœuvres de toutes les espèces.

Indignés que ces manœuvres ayent été découvertes & déconcertées presque aussi-tôt qu'ils les avoient formées ; indignés bien plus encore, d'avoir vu, malgré les nombreux obstacles qu'ils y ont apportés, l'immortelle fédération du 14 juillet dernier, ne plus former du peuple François & de trois à quatre millions de Gardes Nationales actuellement en activité dans le royaume, qu'un peuple de frères & d'amis, qui, pour le maintien de la constitution & des Lois, se sont promis secours & assistance réciproques jusqu'à la mort : les ennemis de la révolution, dans les accès de leur rage, n'ont rien imaginé de plus dangereux & de plus nuisible à la chose publique, que de chercher à soulever l'armée contre le peuple & contre les Gardes Nationales.

Ils ont mis tant d'art, d'astuce & de perfidie à dresser leurs embûches à cet égard, que les patriotes eux-mêmes n'ont pu s'empêcher de s'y laisser prendre. C'est ce que vous ont depuis si bien prouvé, entr'autres les troubles de Montauban & de Nancy, dont le souvenir fait frémir toute ame sensible ; c'est ce que vient de vous prouver tout récemment encore l'erreur partielle aussitôt réformée que commife, qui fembloit préfager une divifion dans l'armée parifienne.

Nous les déconcerterons, MM. , tous ces funeftes projets, nous verrons cette bienfaifante conftitution qui doit nous régénérer, s'appuyer fur des bafes fermes & inébranlables, fi nous ne perdons jamais de vue que notre union fait notre force , & qu'avec la conftitution elle fera notre bonheur & nous amènera les véritables jours de l'âge d'or.

Mais pourquoi féparerions-nous de cette union qui doit être parfaite , uniforme & fans réferve entre tous les François, ces braves guerriers, ces refpectables foldats qui ont blanchi dans le métier des armes , & dont les principales fonctions font de nous garantir des invafions de l'étranger & de fupporter les plus pénibles fatigues de la guerre?

Ce ne font pas feulement les protecteurs de nos frontières & les défenfeurs de l'état , ce font encore nos frères, nos amis, nos concitoyens. Leurs députés ont juré avec nous fous la voûte des Cieux, de maintenir de tout leur pouvoir la conftitution , & d'être fidelles à la Nation, à la Loi & au Roi.

C'eft donc une fuite naturelle , inévitable de ce ferment mutuel d'obéir à la Loi, que d'en réclamer l'exécution toutes les fois qu'elle eft violée, & de fecourir de tout notre pouvoir ceux qui, comme nous, ne devant être soumis qu'à cette Loi, sont cependant devenus les victimes de l'oppression, de l'injustice & de la tyrannie.

APRÈS avoir entendu la lecture de ce rapport, & les discussions auxquelles il a donné lieu, ayant été mises à l'opinion :

L'ASSEMBLÉE, en adhérant à l'arrêté de la section de Mauconseil, du 18 de ce mois, a arrêté que par six députés de cette section, l'Assemblée Nationale seroit suppliée de s'occuper incessamment de l'affaire des cent soixante cavaliers du régiment de Royal-Champagne ; & cependant invitée à les mettre sous la sauve-garde de la Loi.

A arrêté en outre que le rapport de MM. les commissaires, ensemble le présent arrêté seront imprimés, envoyés aux quarante-sept autres sections, & portés à l'Assemblée Nationale par M. Oudet, Président, MM. Guyot de Sainte-Hélène, le Grand, Roux, Gilles & Vaucher, qu'elle nomme députés à cet effet.

Pour extrait conforme au Procès-verbal.
Signés OUDET, *président*, & TEISSON, *secrétaire.*

OUDET, président.
TEISSON, secrétaire.

De l'imprimerie de la Veuve HÉRISSANT, rue Neuve Notre-Dame.